Harmonize seu lar com Feng Shui

Moema Rodriguez

Editoração, Ilustrações
Moema Rodriguez

Revisão
Daniela Gomes

Capa

Moema Rodriguez

Sobre a Capa*: As lanternas chinesas representam a Prosperidade
e Boa Sorte.*

Dedico este livro à Minha família e
a você que está lendo meu livro
minha total Gratidão!

Sumário

O que é Feng Shui?

Feng Shui significa "vento e água" (pronuncia-se fong-suei), é uma arte milenar chinesa de harmonizar ambientes através do fluxo de energia "CHI" utilizando as áreas do Baguá, ativando, potencializando e equilibrando as energias existentes nos ambientes seja na nossa casa ou no escritório.

O "CHI", por sua vez, é a força que permeia todo espaço ao nosso redor. Ele se move de maneira semelhante à forma de como o ar circula e seu fluxo é dirigido e moldado por todos os objetos que se encontram pelo caminho, os quais ele precisa contornar para poder passar.

O que esperar do Feng Shui

Os efeitos do equilíbrio alcançado com o **Feng Shui** podem ser sentidos em todos os aspectos da nossa vida. Ele nos ajuda a recuperar e manter a saúde física, emocional e espiritual, harmonizando nossos relacionamentos. O **Feng Shui** colabora, também, nos aspectos ligados à nossa prosperidade, propiciando o surgimento de novas oportunidades e aumento de ganhos financeiros, além de dar-nos a chance de prevenir problemas legais, brigas ou até mesmo roubos.

Pense em Feng Shui como um tipo de acupuntura da decoração, pense na sua casa como um corpo que será trabalhado em suas diversas partes, para que atinja o equilíbrio e obtenha um ambiente harmônico.

Como fazer esta "acupuntura" doméstica

As "agulhas" desta acupuntura são o Baguá, os 5 elementos (madeira, terra, fogo, metal e água), as cores, as formas, as pedras, as flores, os óleos essenciais, movimentos, sons, etc... e são todos esses elementos que fazem as **CURAS** e **Potencialização** nos ambientes.

Para detectar as áreas do ambiente, devemos sobrepor o baguá à planta do imóvel em questão posicionando a área do trabalho na linha da porta de entrada principal do ambiente, assim poderemos identificar todas as áreas do imóvel.

As 9 áreas do baguá correspondem aos 9 aspectos da vida do ser humano

- Trabalho
- Espiritualidade
- Família
- Prosperidade
- Sucesso
- Relacionamentos
- Criatividade
- Amigos
- Saúde

Depois de localizar estas áreas, devemos estudar cuidadosamente qual delas precisa de "**curas**" ou de equilíbrio para deixar a energia fluir suavemente em harmonia.

O Baguá

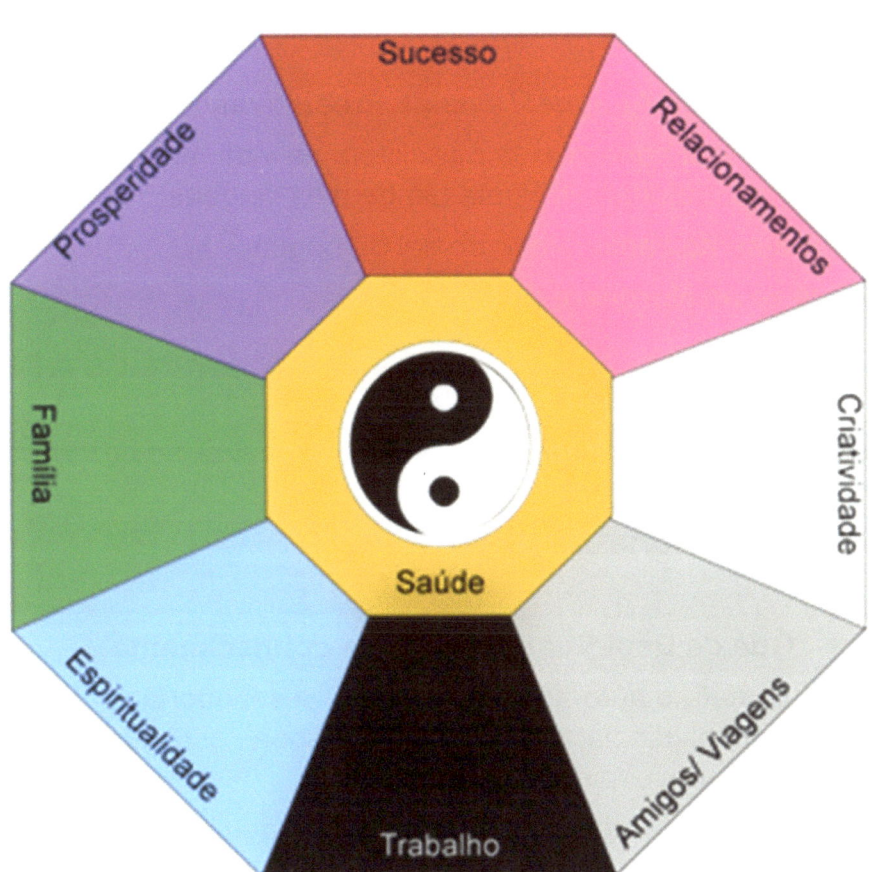

BA=8   GUÁ=lado

O que significa cada "GUÁ"

- ## Guá dos Amigos/Pessoas Prestativas/Viagens

Este guá afeta aqueles que o assistem na vida: amigos, benfeitores e ajudantes. Afeta também as viagens.

Localiza-se no canto direito frontal do baguá.

Refere-se ao **Noroeste** do baguá.

- ## Guá do Trabalho / Carreira

Este Guá afeta seu trabalho, profissão e localiza-se no centro frontal do baguá.

Refere-se ao **Norte** do baguá.

- ## Guá da Espiritualidade / Auto-conhecimento

Este guá afeta o auto-aperfeiçoamento, a sabedoria, a clareza mental, a inteligência, o crescimento pessoal, espiritualidade e os benfeitores espirituais.

Localiza-se no canto esquerdo frontal do baguá.

Refere-se ao **Nordeste** do baguá.

- ## Guá da Família

Este guá afeta sua família, relaciona-se com toda família próxima e aos ancestrais. Localiza-se na lateral esquerda do baguá.

Refere-se ao **Leste** do baguá.

- **Guá da Riqueza / Prosperidade**

Este guá afeta sua situação financeira e aplica-se a abundância e a prosperidade em todas as formas. Localiza-se no canto esquerdo posterior do baguá.

Refere-se ao **Sudeste** do baguá.

- **Guá da Fama / Sucesso**

Este guá refere-se ao reconhecimento profissional, sucesso e fama. Localiza-se no centro posterior do baguá.

Refere-se ao **Sul** do baguá.

- **Guá dos Relacionamentos**

Este guá representa seu relacionamento principal (casamento ou sociedade). Localiza-se no canto direito posterior do baguá.

Refere-se ao **Sudoeste** do baguá.

- **Guá da Criatividade**

Este Guá representa nossa criação de e também os Filhos (eles são frutos da nossa criação).

Localiza-se na lateral direita frontal do baguá

Refere-se ao **Oeste** do baguá.

- **Guá da Saúde**

Este guá afeta a saúde física, relaciona-se a unidade e equilíbrio de todas as coisas.

Localiza- se no **Centro** do baguá.

Aprendendo a posicionar o Baguá

Para começar, é necessário ter em mãos a planta baixa da residência.

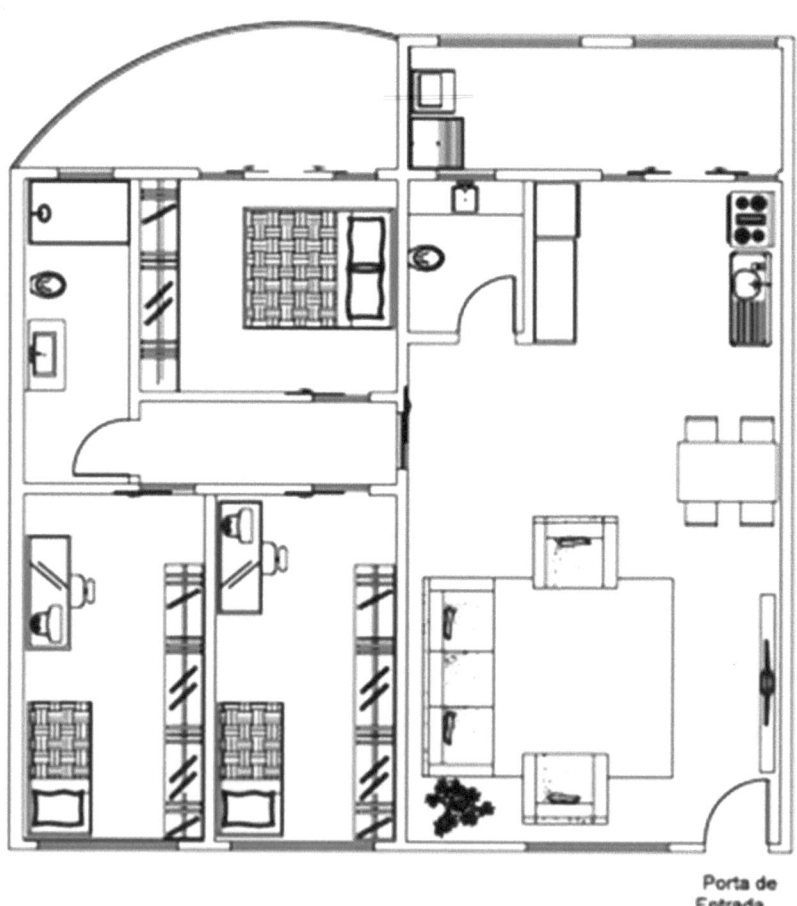

Porta de
Entrada

Pegue o baguá, sobreponha na planta, posicione no meio dela. **Alinhe a área do Trabalho com a Porta de Entrada da casa**. Seguindo o desenho do Baguá, trace linhas imaginárias até as paredes e cantos,**Dica Importante:** As Curas e Potencialização são mais fortes próximas a cantos e paredes.

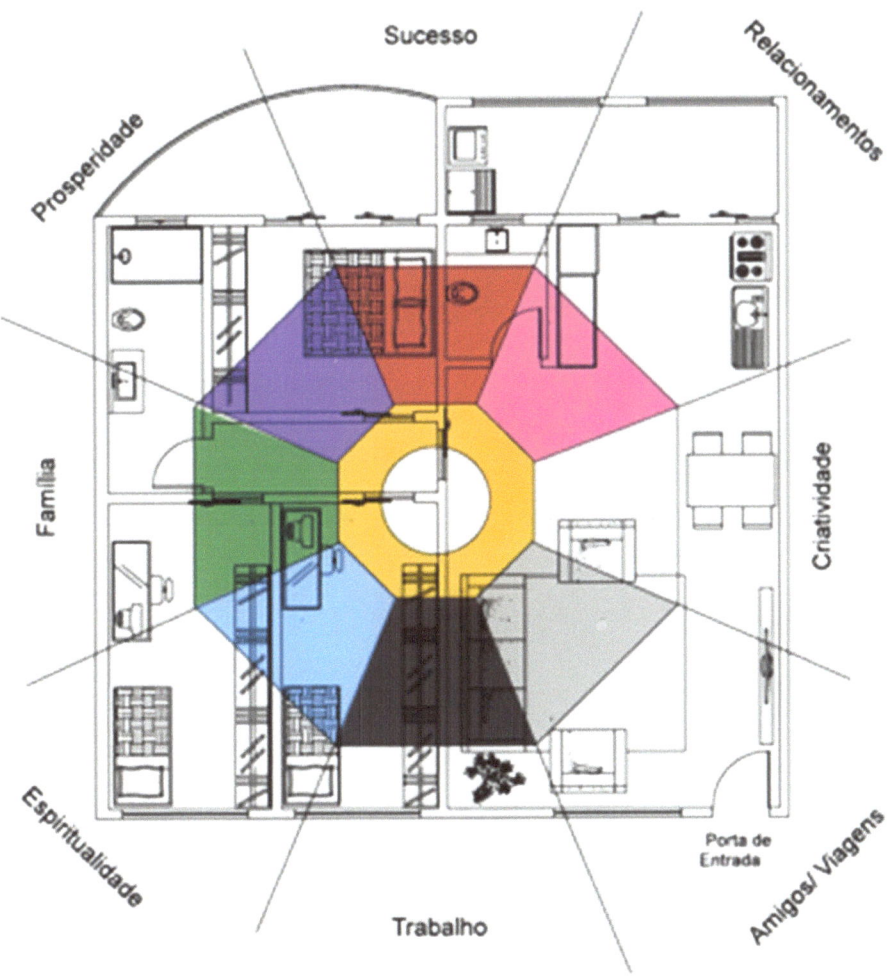

Exemplos de como posicionar o Baguá. Lembre-se, área do trabalho sempre alinhada com a porta de entrada.
(A porta de entrada **somente** poderá cair nas áreas da Espiritualidade,Trabalho ou Amigos/Viagens).

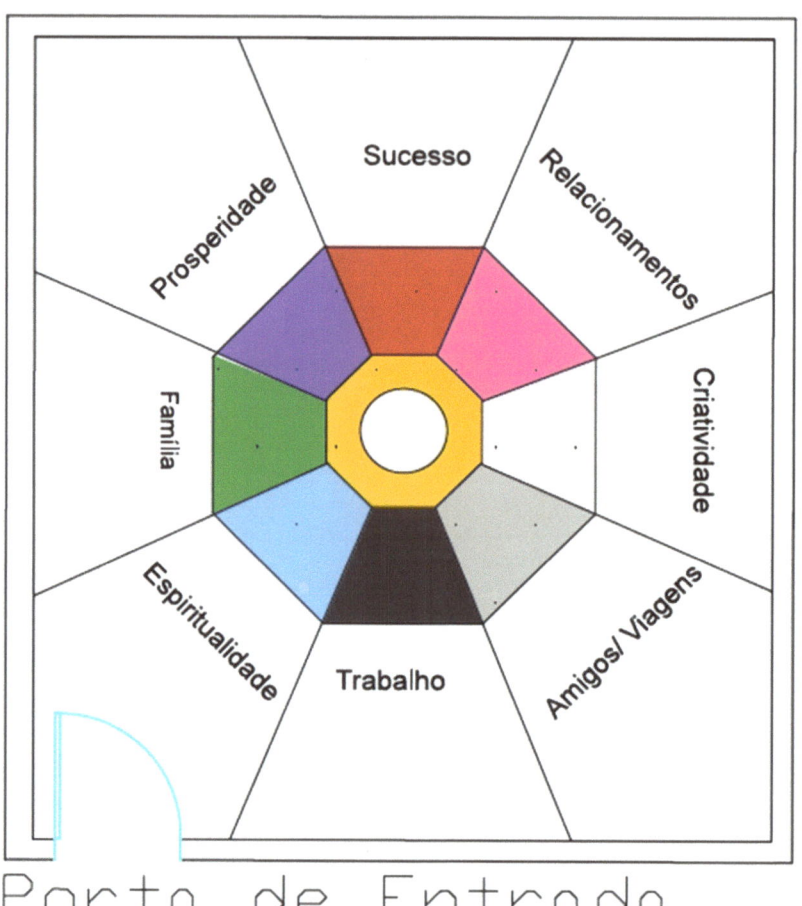

Porta de Entrada

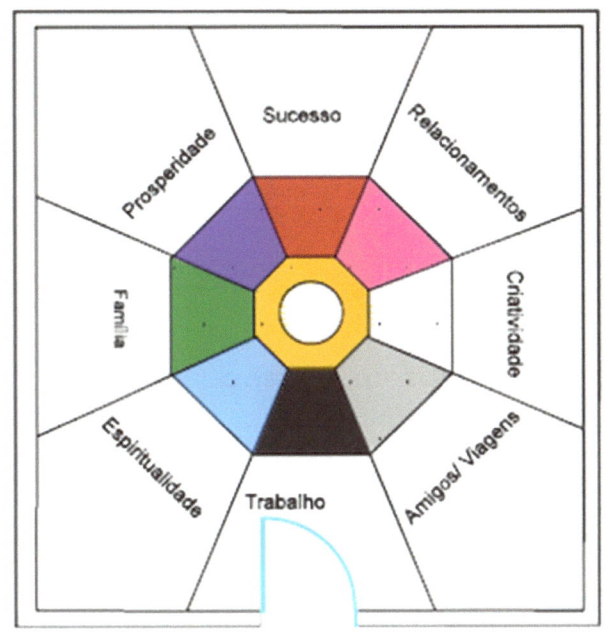

Porta de Entrada

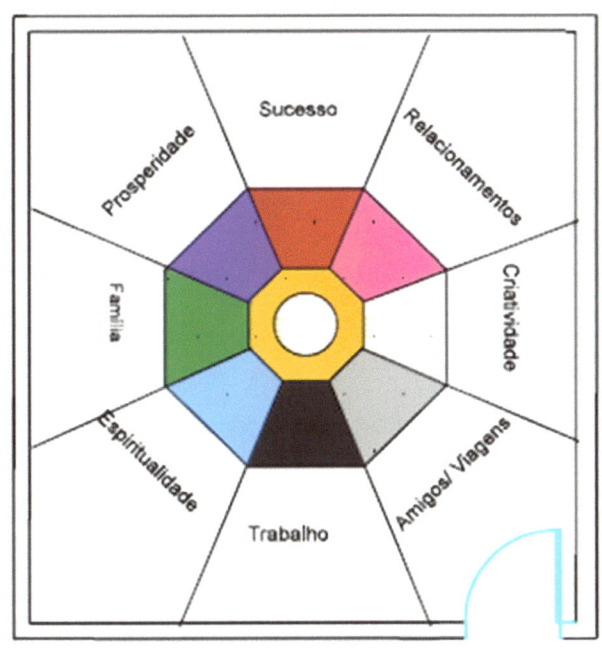

Porta de Entrada

Mais exemplos de como utilizar o Baguá

Eu moro em uma casa com quintal, onde a porta de entrada não é alinhada com o portão de entrada, como faço com o Baguá?
Faça 2 mapas diferentes, um mapa com o Baguá do terreno e outro mapa para o Interior da casa.

Mapa do Terreno

Mapa do Interior da casa

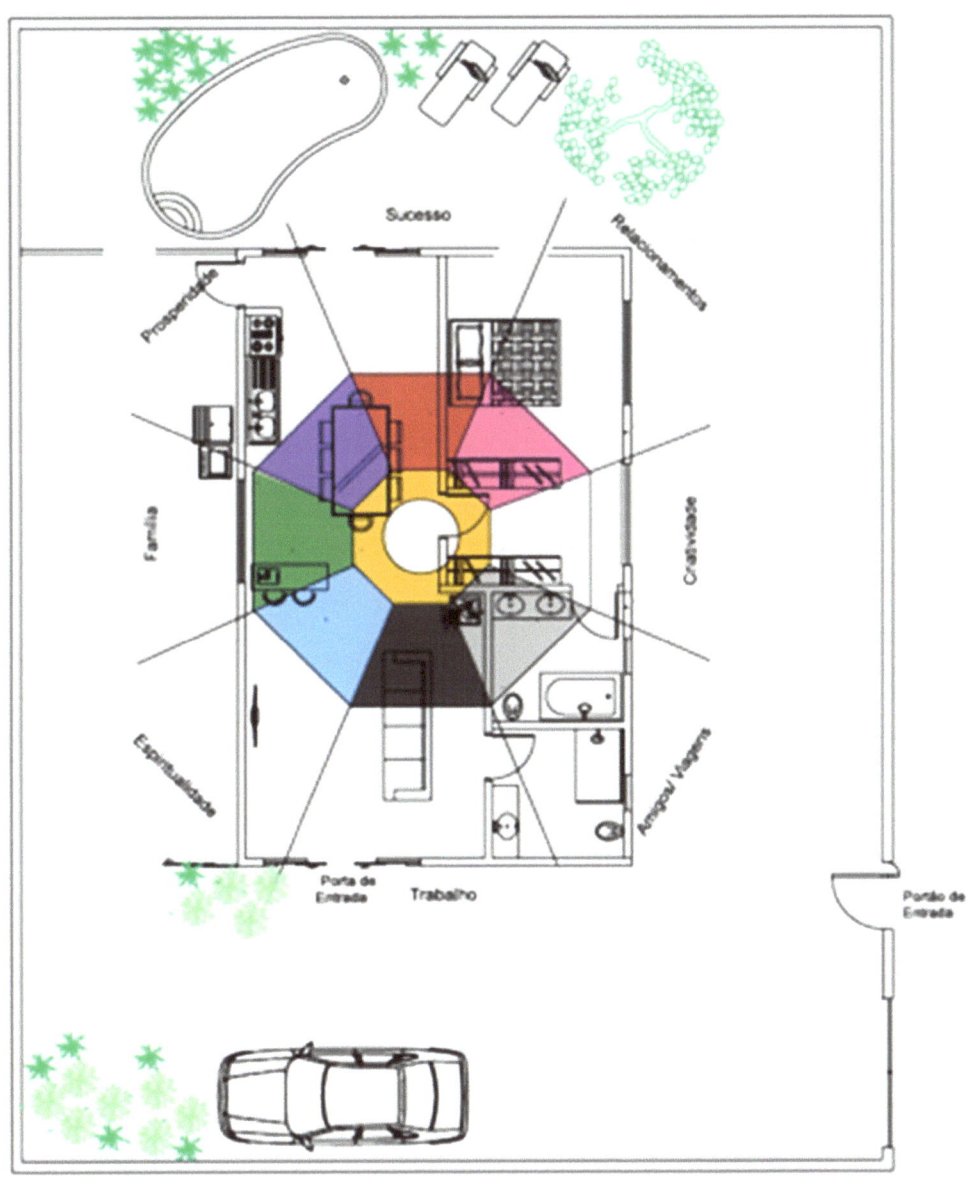

Moro em um sobrado, como utilizo o baguá?

Faça 2 mapas diferentes, um para a parte de baixo da casa e o outro para a parte de cima.
(Na parte de cima, "a porta de entrada" fica onde termina a escada) observe o exemplo.

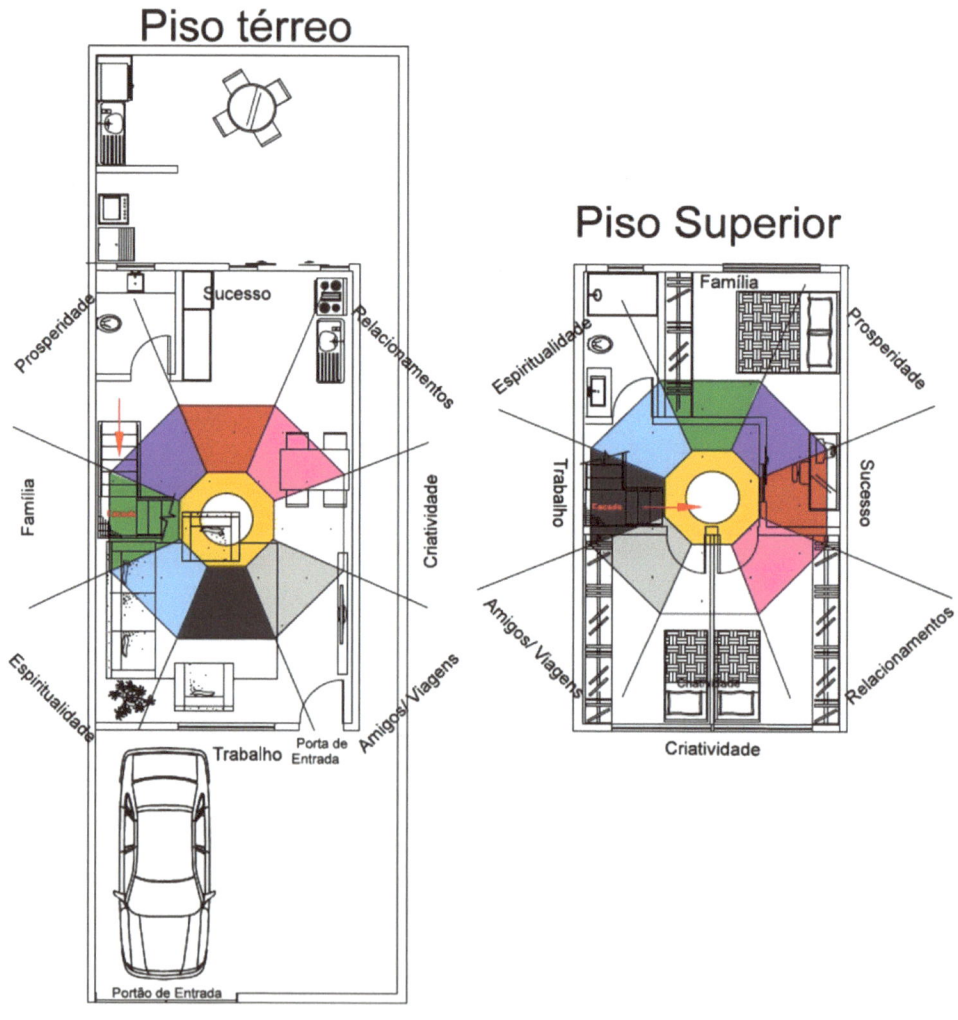

E Quando tenho uma planta irregular ?

Quando isso acontece precisamos trabalhar melhor nestas áreas, principalmente quando existe uma área faltante, isto é, quando a planta não preenche o guá.

Para áreas "*Faltantes*", O Feng Shui recomenda como solução a colocação de espelhos, sinos ou cristais nas paredes que se aproximam desses locais, iluminação também é uma ótima cura. Se isso acontecer em áreas externas, uma cerca viva no jardim, pôr exemplo, completa esse canto.

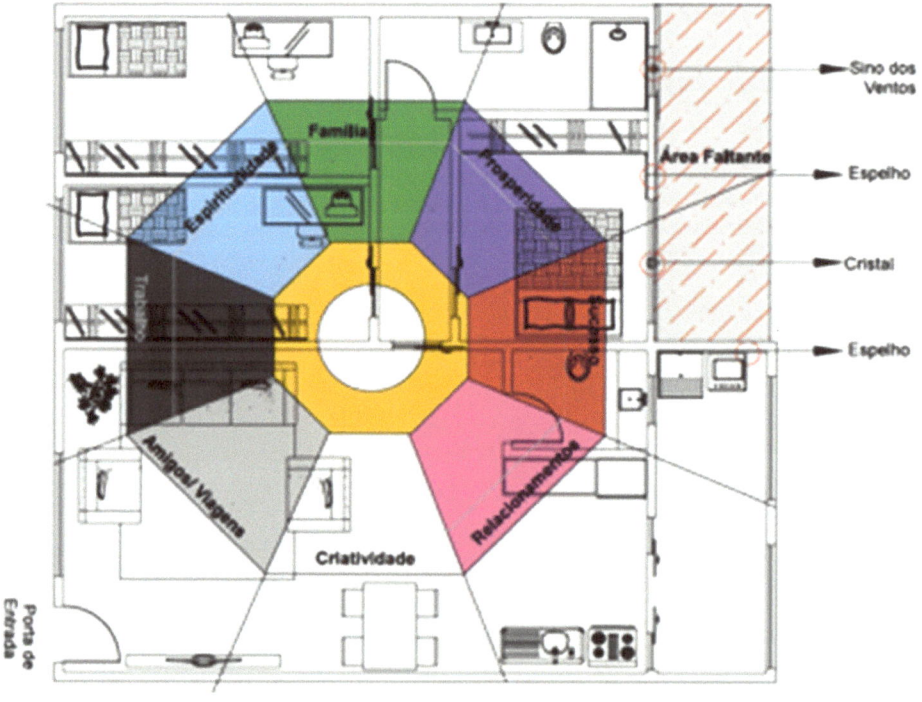

Esticando o desenho do baguá tanto quanto for necessário.

Exemplo de uma planta extremamente retangular

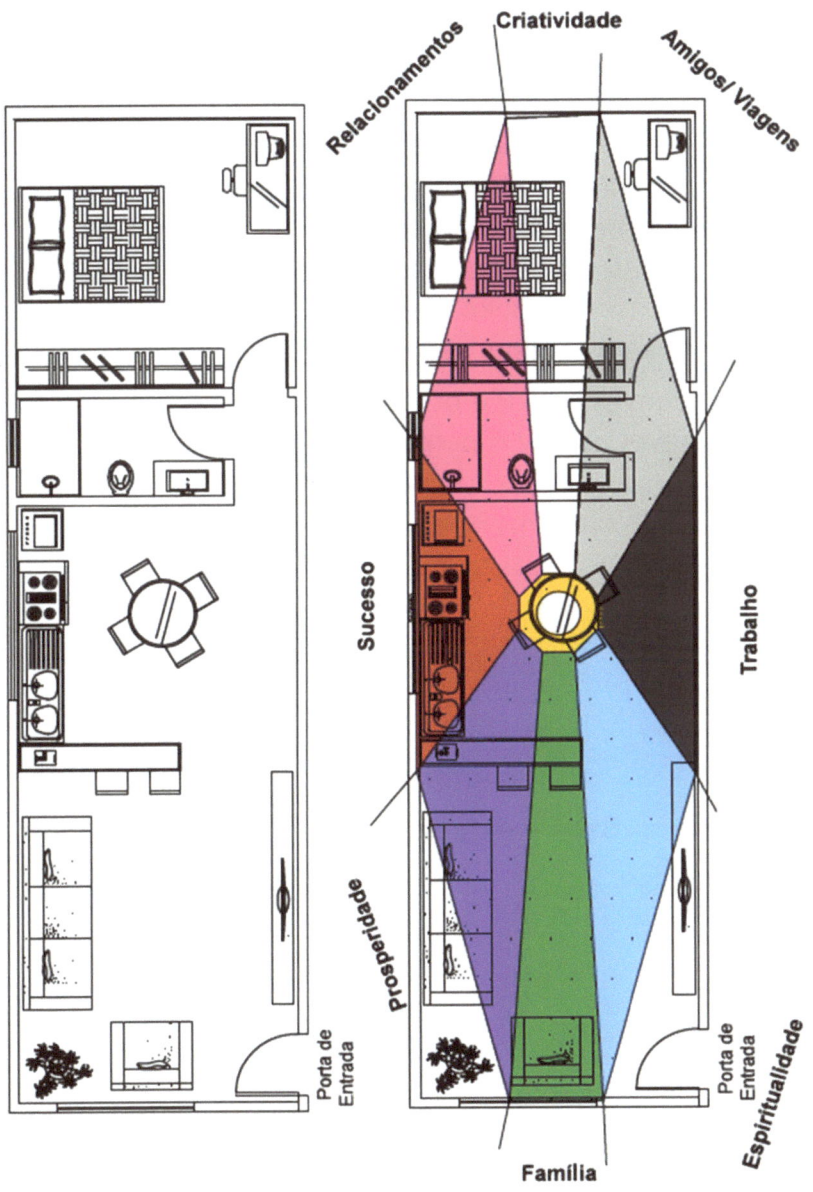

O "CHI"

Em **Feng Shui** muito se fala em "CHI", mas ninguém sabe o que é.

Chi é invisível, embora seja a coisa mais importante do **Feng Shui.** Flui pela terra e pelo céu e carrega a força vital consigo. O **Chi** é comumente chamado de **Energia.**

O **Chi** está em todo lugar e é facilmente visível em tudo que é animado, tal como seres humanos, animais de estimação e plantas. Outras coisas inanimadas também o contém, ex.: Mobília, construções, notebooks…enfim, qualquer objeto neste planeta. Todas as coisas são um composto de energia.

O **Chi** pode fluir com suavidade ou pode ser bloqueado, a forma mais desejável de fluir é bem suavemente; o fluxo apropriado de energia através de um local traz ordem tanto ao ambiente quanto aos ocupantes.

CHI = energia

SHA = estagnação

Exemplos de Chi que dão sustentação

- Plantas saudáveis
- Áreas Limpas
- Fragrância
- Iluminação apropriada
- Músicas

Exemplos de chi que **não** dão sustentação (SHA)

- Áreas Desarrumadas
- Plantas mortas
- Odores fétidos
- Luz escassa
- Animais doentes
- Sons perturbadores

Yin Yang

O Chi está sempre orientando o equilíbrio entre Yin (feminino) e Yang (masculino). Yin Yang são opostos complementares, nem bons nem maus, nem certo ou errado. São, ambos, necessários para o equilíbrio.

O ponto branco na porção negra do símbolo yin/yang e o ponto negro na porção branca são lembretes de que cada qualidade tem algo do oposto.

Exemplos Yin / Yang

Yin	Yang
Feminino	Masculino
Escuro	Claro
Frio	Quente
Lua	Sol
Horizontal	Vertical
Floreado	Geométrico
Passivo	Ativo

Os 4 passos para começar uma cura

Para a realização das **curas** Feng Shui imediata em sua casa e sua vida começamos com 4 passos...

1. Defina a área de sua vida que deseja melhorar
2. Localize a parte de sua casa para proceder a cura
3. Realize a cura na sua casa
4. Aproveite as mudanças na sua vida

O Segredo

Neste contexto "Segredo" significa método interior poderoso.

Segredo da Palavra

Uma oração ou mantra

Segredo Mental

Esse é o mais poderoso, é a **visualização** daquilo que se deseja...(Exemplo : se você quer ser uma pessoa famosa, se imagine em uma capa de revista)

A eficácia das curas Feng Shui pode ser potencializada se um estado mental poderoso for invocado na hora de sua execução. Elas podem e irão afetar sua mente, corpo e emoções de um modo incrível. As curas Feng Shui não são apenas atos mecânicos que "talvez" funcionem, mas, sim, mudanças holísticas criadas por uma mistura dinâmica de ação externa e energia interna, uma combinação de intenção, ação e emoção.

Suas ações e intenções ficam simultaneamente dirigidas para o mesmo objetivo: a mudança que deseja criar em sua vida.

Intenção e visualização trabalham juntas para ter curas eficazes.

Sua utilização proporciona o poder de criar mudanças que você deseja para sua vida.

Intenção é **o que você quer** e visualização é ver **aquilo se realizando**.

Intenção

Uma intenção poderosa contém 3 elementos:

1. Saber claramente o que se quer
2. O forte desejo de se conseguir aquilo
3. Acreditar que é seu

Ao praticar o Feng shui, trabalhe com afinco para fortalecer e elucidar as intenções que você tem. Quanto mais focadas e claras forem suas intençoes, mais poderosas se tornarão as curas.

Visualização

A visualização mental é um elemento fundamental para o sucesso das curas. A visualização projeta sua intenção no mundo e eleva muito poder da cura.

Visualizando claramente o que deseja, você ajusta seu próprio "CHI" e se impulsiona poderosamente em direção a novas ações, acontecimentos e resultados na sua vida.

Ao visualizar veja os detalhes que deseja cercando de acontecimentos realizados. Mais tarde sinta as emoções positivas de alcançar seus desejos.

Os 5 Elementos

- **Madeira**

Tudo que é feito deste material: Móveis, acessórios, pisos, tetos, vigas e ripas, todas as plantas e flores, inclusive as de plástico e seda, tramas naturais como seda e algodão.

Estampas florais nos estofados, nos revestimentos de parede, roupa de cama, mesa e banho.

Pinturas que retratam plantas e flores.

Formas de troncos de árvores encontradas em colunas e pedestais.

- **Fogo**

Tudo que ilumina natural ou artificialmente, velas ou lâmpadas elétricas.

Pele, couros, plumas e lãs.

A arte representada pela figura humana ou de animais.

Pinturas que representam o brilho do Sol, a luz e o fogo.

Formas de triângulo, pirâmide ou cone.

- **Terra**

Tijolos, telhas, barro seco.

Utensílios de cerâmica ou objetos feito de terra.

Formas como quadrados, retângulos ou superfícies longas ou planas.

Pinturas que representam paisagens ou campos abertos.

- **Metal**

Todo o tipo de metal, inclusive aço inoxidável, cobre, latão, ferro, prata, alumínio e ouro.

Pedras como mármore e granito.

Cristais naturais ou pedras preciosas.

Esculturas feitas de metal ou pedra.

Sinos de vento metálico.

Formas ovais de círculos e de arcos.

- **Água**

Rios, piscinas, repuxos de água variados.

Superfície reflexiva: cristais, espelhos e vidros.

Formas assimétricas, livres, flutuantes.

O Ciclo de Nutrição e de Controle

O ciclo da nutrição dos 5 elementos mostra como eles se **Fortificam** uns aos outros ao estabelecer os seguintes preceitos:

- A água nutre a madeira
- A madeira alimenta o fogo
- O fogo faz a terra
- A terra cria o metal
- O metal segura a água

Já o ciclo de controle ensina como **Controlar** e **Dominar** os elementos

- a madeira consome a terra
- a terra represa a água
- a água apaga o fogo
- o metal corta a madeira
- o fogo derrete o metal

Baguá e os 5 elementos

Exemplos de **Curas** ou **potencializações** com 5 elementos:

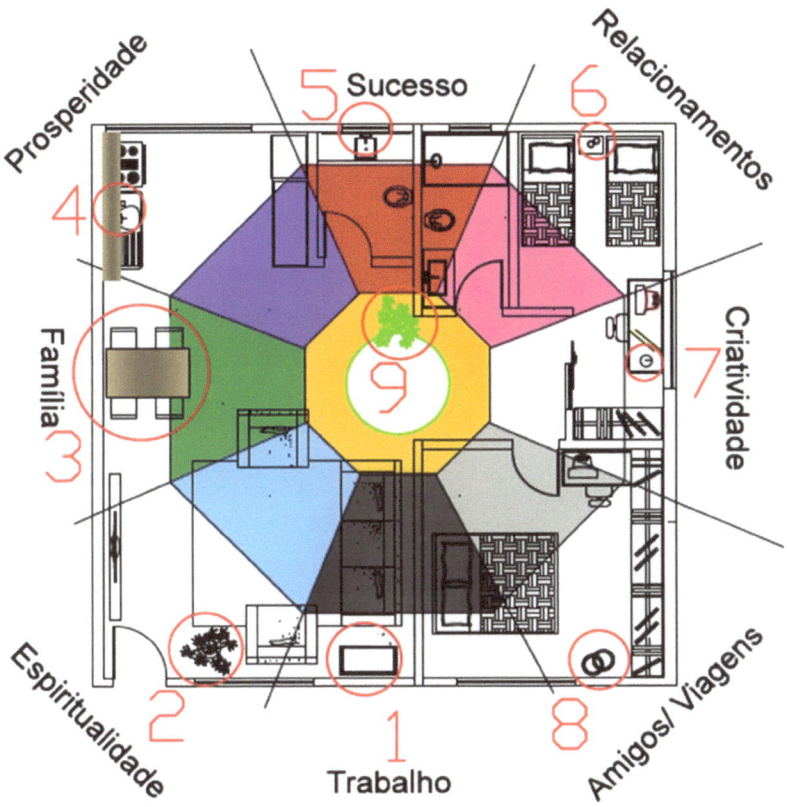

1. Aquários ou fontes
2. Vaso com plantas na terra
3. Mesa de Madeira
4. Prateleira de Madeira
5. Iluminação Natural da janela
6. Utensílios de cerâmica
7. Objetos de metal
8. Escultura em Pedra
9. Uma planta (em terra) equilibra a saúde da família além de tirar o "sha" da quina da parede

As Cores

Qualquer tipo de cor pode ser usada para gerar as curas no **Feng Shui.**

A cor é um dos modos mais completos e úteis para criar uma vida nova e melhor.

Praticamente todas as coisas tem cor e, no Feng Shui, cada uma tem um significado e pode ser usado para diversos propósitos. A cor pode estar em paredes, objetos, quadros, plantas, tecidos, etc…

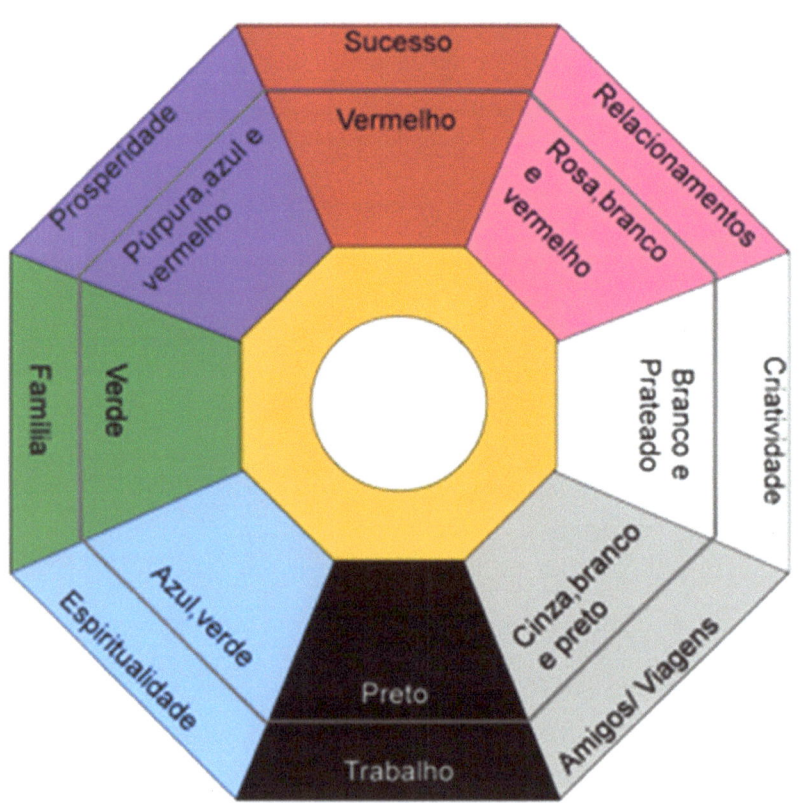

Exemplos de Curas com cores

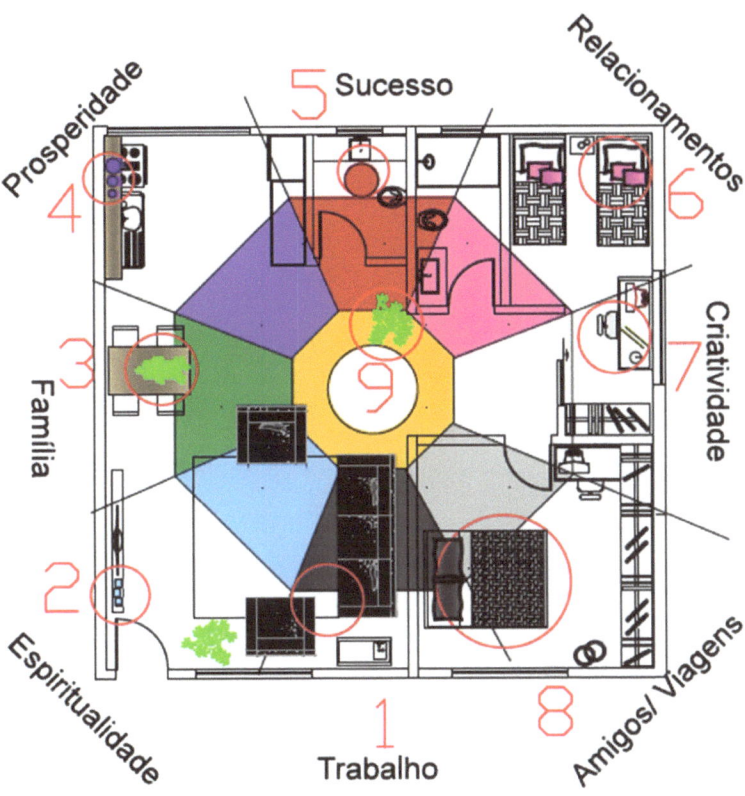

1. Sofá preto
2. Velas azuis
3. Vaso com folhagens verdes
4. Objetos na cor púrpura
5. Tapete vermelho
6. Almofadas rosa
7. Cadeira branca
8. Roupas de cama em tons de cinza e preto
9. Dê preferencia a vasos de tons terrosos,laranjas ou amarelos

Pedras

- Sucesso — Citrino, Pirita e Rubi
- Relacionamentos — Quartzo-rosa
- Criatividade — Água-Marinha e Malaquita
- Amigos/ Viagens — Drusas e Turmalina Negra
- Trabalho — Citrino e Turmalina Negra
- Espiritualidade — Ametista
- Família — Drusa de Cristal
- Prosperidade — Pirita e Citrino

Formas

- Sucesso — Triângulo e formas piramidais
- Relacionamentos — Quadrado
- Criatividade — Redondo
- Amigos/ Viagens — Redondo
- Trabalho — Irregular ex. Feijão
- Espiritualidade — Quadrado
- Família — Oval
- Prosperidade — Em movimento

Plantas

Trabalho

Plantas Suculentas: bálsamo, aloe

Plantas d'água: Filodendros

Flores azuladas: miosótis, agaphantus

Lírios-da-paz e plantas de proteção: comigo-ninguém-pode, jiboia

Amigos/Viagens

Azaleia, jasmim-estrela, iponeias, hortências, violetas

Evite plantas com espinhos

Espiritualidade

Margaridas, maracujá, madressilvas, jasmim e flores em forma de sino: Copo-de-leite, lírio-do-vale, alamanda.

Criatividade

Zínias, flores brancas ou coloridas

Família

Bambus, palmeiras, rododendros, orquídeas, ervas medicinais

Prosperidade

Flores púrpuras, azul e vermelha

Plantas como kalanchoe ou girassol

Trepadeiras como glicínias, primavera, brinco-de-princesa

Plantas de crescimento rápido

NUNCA cactos ou bonsáis nesta área

Sucesso

Tuia, Pinheiro, Áster, espada-de- são-jorge, crisântemos, bromélias,bico-de-papagaio

Relacionamentos

Peônias, hibiscos e flores rosa

Centro do Baguá

Flores amarelas e alaranjadas

A maioria das plantas tem seu simbolismo, independente da área que for colocada, basta tê-la em casa, mentalizar coisas positivas que trará boas surpresas.

Praticando o Feng Shui

Para facilitar sua vida, comece usando este baguá porque nele você encontra as informações sintetizadas

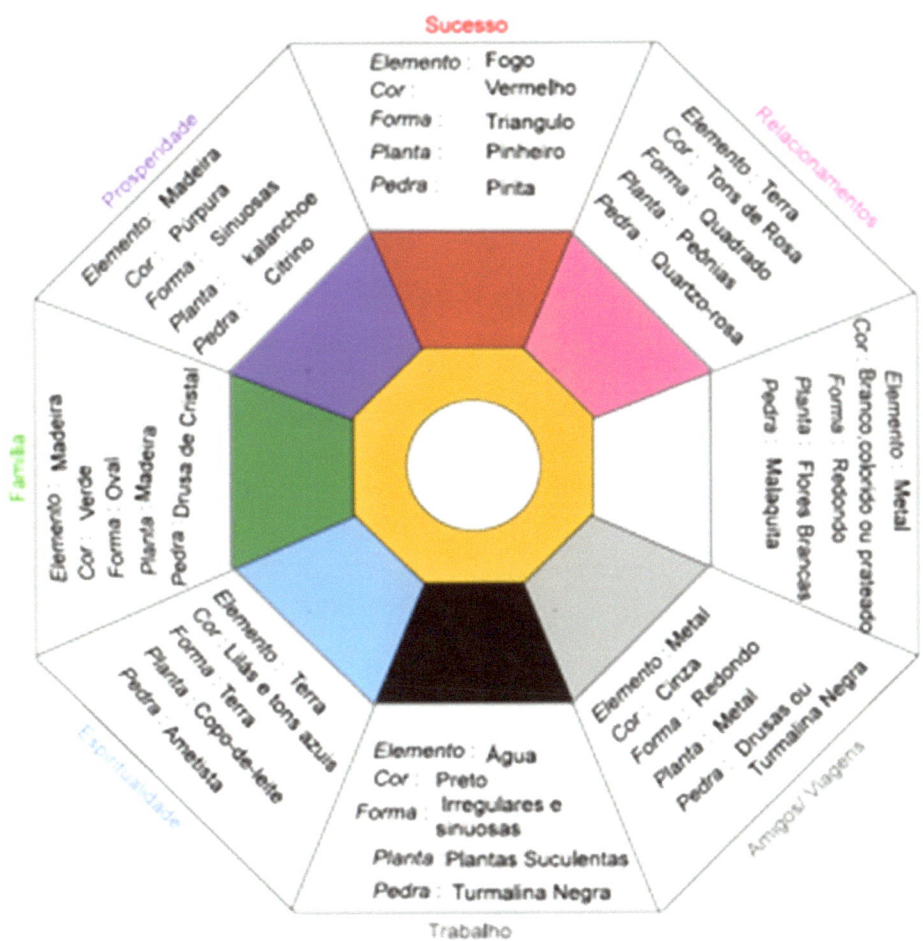

Agora usando todo o conhecimento em Feng Shui, vamos fazê-lo nesta planta abaixo.

IMPORTANTE, não é necessário usar tudo

(Cores, Plantas, Materiais, Pedras e Formas) use apenas o que for conveniente e estéticamente bonito para sua casa.

Bom senso e Intuição são ótimos aliados para aplicar o Feng Shui.

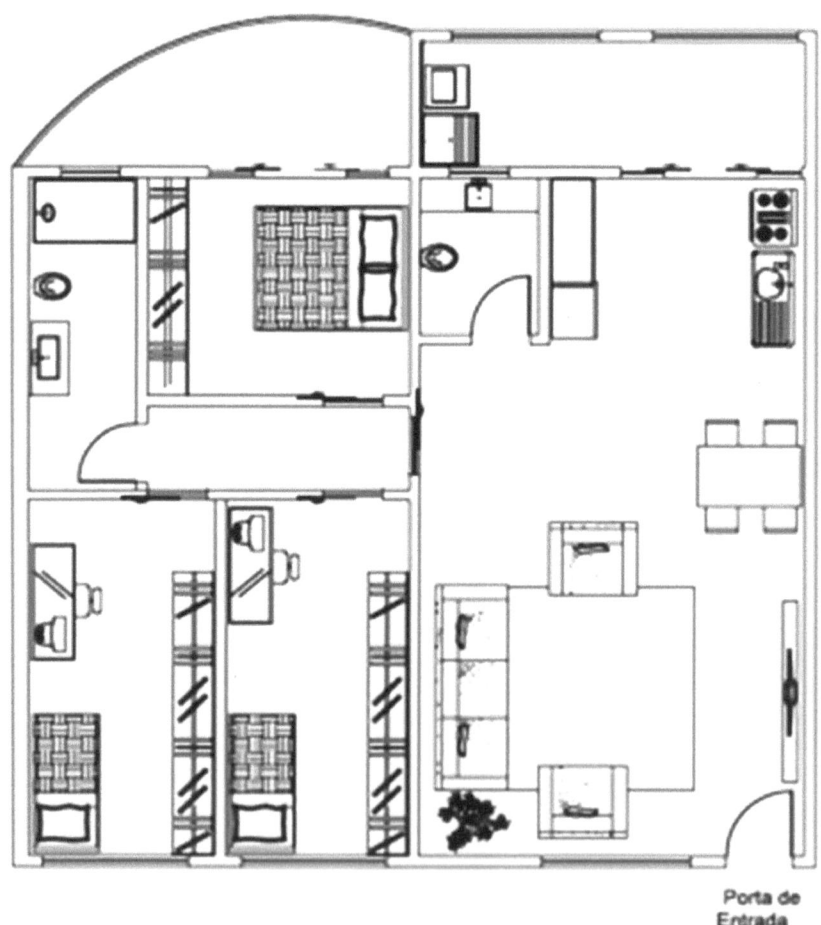

Porta de
Entrada

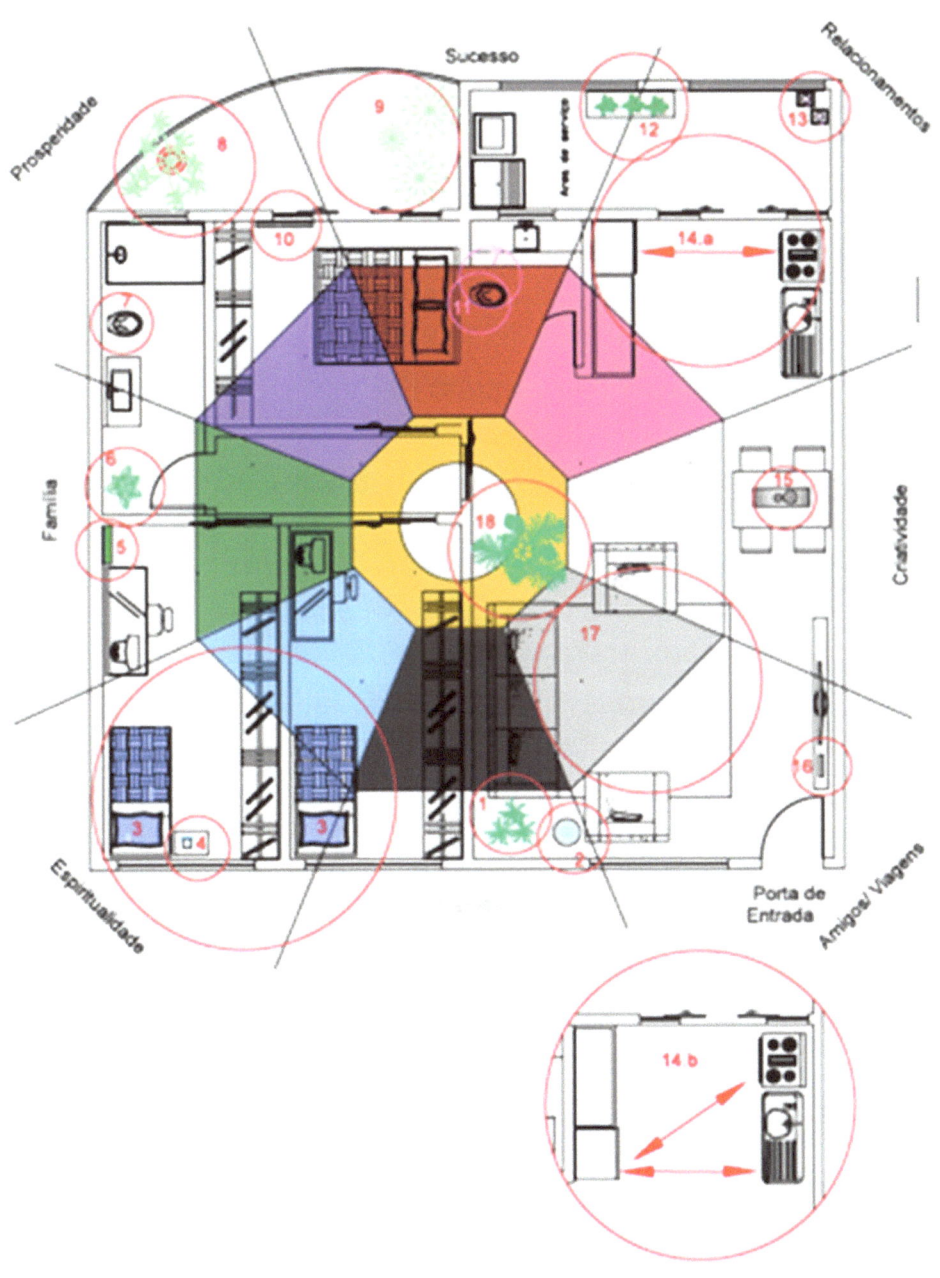

Vamos começar pela Área do Trabalho, depois iremos em direção á área da Espiritualidade, passando pelas áreas da Família, Prosperidade, Sucesso, Relacionamentos, Criatividade e fechando o ciclo na área de Amigos/Viagens.

1. Planta Suculenta em um vaso preto (Usando uma planta e cor no vaso de acordo com a área)
2. Fonte de água (Utilizando o elemento relativo á área)
3. Colchas azuis com desenhos quadrados (Utilizando a cor e a forma adequada para a área)
4. Luminárias Quadradas (A luz na área da Espiritualidade é imprescindível porque ilumina os pensamentos e as ideias)
5. Quadro esverdeado com fotos da família (As fotos escolhidas tem que trazer boas recordações)
6. Plantas são muito bem vindas na área da família
7. Como vasos sanitários **Nunca** emitem energias positivas, coloque um espelhinho redondo colado no teto, bem em cima do vaso sanitário, para o espelho rebater a energia negativa (principalmente quando vasos sanitários caem nas áreas de Prosperidade e Sucesso)
8. Planta trepadeira "Primavera" (*Bougainvillea*) na cor púrpura (Usei esta planta porque ela tem crescimento rápido e a cor púrpura vai potencializar esta cura) *em áreas que queremos crescer na vida, tipo prosperidade, sucesso e trabalho, sempre utilizamos plantas de **crescimento rápido***
9. Plantas Bromélias (Utilizei a bromélia pela sua cor e forma)

10. Espelhos são primordiais nas áreas da prosperidade e do Sucesso, "sempre que possível" tenha espelhos nestas áreas

11. Sempre que a cabeceira de uma cama estiver na mesma parede e na mesma direção do vaso sanitário coloque um espelho **atrás** do vaso sanitário, isso evitará dores de cabeça e desgaste de energias

12. Plantas Bico de Papagaio (Utilizei esta planta por sua cor e a forma das folhas)

13. Na área dos Relacionamentos, tenha objetos em Pares, coloquei aqui duas lanternas quadradas com velas cor de rosa (o rosa vai ativar a área e as velas vão "esquentar" a relação do casal, e a forma quadrada potencializa a área)

14. **a** - Independente da área, JAMAIS tenha um fogão (elemento fogo) **em frente** a uma geladeira (elemento água), imagine quem cozinha tendo a influência de 2 energias opostas ao mesmo tempo, isso causa muito stress gerando brigas e confusões desnecessárias
14.b – Neste exemplo, a cura foi simplesmente mudar a geladeira de lugar e deixar alinhada com a pia (que também é do elemento água) P.S. : Fogão, Microondas e Fornos são do Elemento Fogo e Geladeiras, Freezer e Pias são do Elemento Água

15. Bolas cromadas para ativar a área da Criatividade (usando a forma redonda e o material metal cromado)

16. Porta retrato de amigos ou viagens na cor cinza (Dica: Você pode customizar um quadro com nomes de lugares que você quer conhecer e colocá-lo nesta área)

17. Independente da área, o ideal é colocar os sofás em formato de ferradura (como na planta) de modo que todas as pessoas sempre visualizem quem entra na sala

18. Uma planta saudável no centro do baguá cuidará da saúde da familia, potencialize com um vaso amarelo ou tons alaranjados

Eu posso fazer o Feng Shui só no meu quarto? Nesse caso, aonde eu posiciono o baguá?

Sim, você pode fazer o Feng Shui apenas no seu quarto, e neste caso, o baguá ficará posicionado na porta de entrada do quarto.

Porta de Entrada do quarto

Área do trabalho alinhado a porta de entrada do quarto

Porta de Entrada da Residência

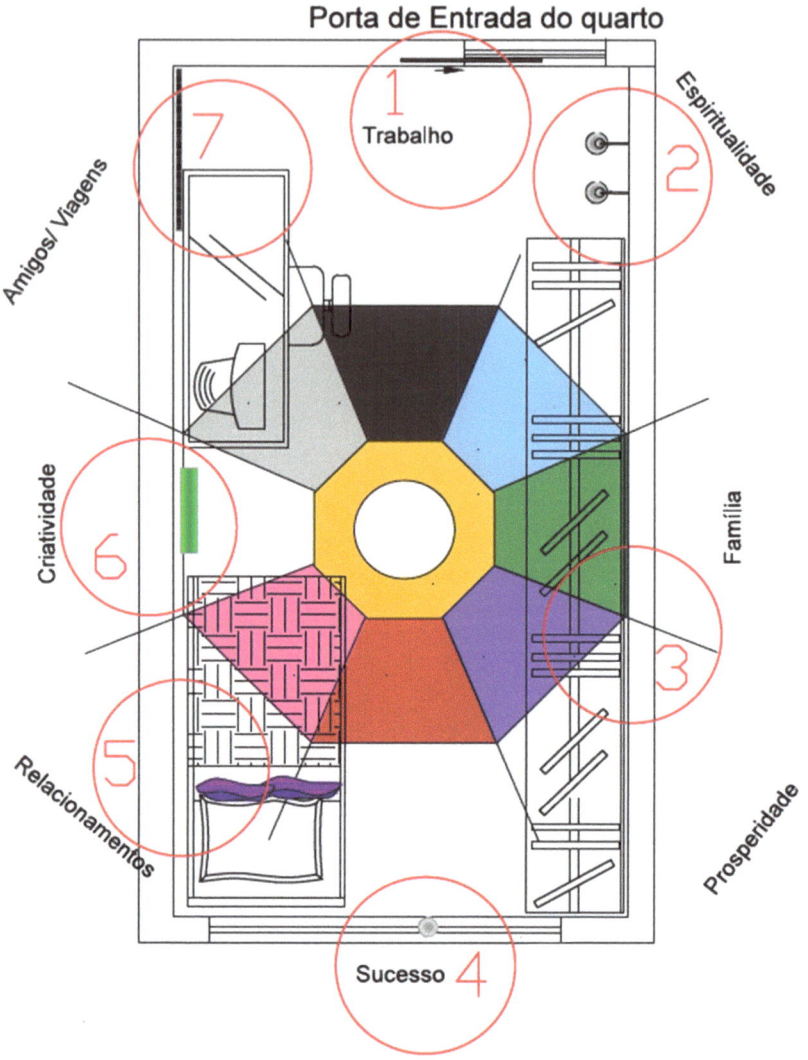

Porta de Entrada do quarto

1. *Porta pintada na cor preta ativará sua carreira*
2. *Luminárias "clareiam" as idéias,canto propício também para se ter uma imagem da sua crença ,por exemplo: Deuses,Santos,Budas, etc...*

3. Armário nas áreas da família e da prosperidade são muito favoráveis ,por ser um móvel pesado ,gera estabilidade nestas áreas,mas lembre-se de mantê-lo organizado
4. Um cristal multifacetado na janela atrairá boa sorte
5. A cama em diagonal em relação a porta é uma posição perfeita,almofadas em pares para favorecer os relacionamentos
6. Um quadro colorido favorecerá sua criatividade
7. Um painel com fotos de lugares que você que conhecer e fotos dos amigos

Outras dicas para o Quarto

- O quarto deve estar sempre organizado, pois a bagunça do quarto reflete você por dentro
- Evite espelhos que reflitam a pessoa que está dormindo
- Aquários no quarto pertubam o sono
- Coloque uma pedra de turmalina negra ao lado computador
- Evite materiais de estudo ou trabalho ao lado da cabeceira, coisas entulhadas, as energias ficam estagnadas

Posso fazer o Feng Shui no meu espaço de trabalho?

Não só pode como deve! Inclusive você poderá fazer apenas na sua mesa de trabalho. Digamos que você só quer fazer na sua mesa de trabalho,neste caso, a área do trabalho ficará direcionada a você,Observe no exemplo:

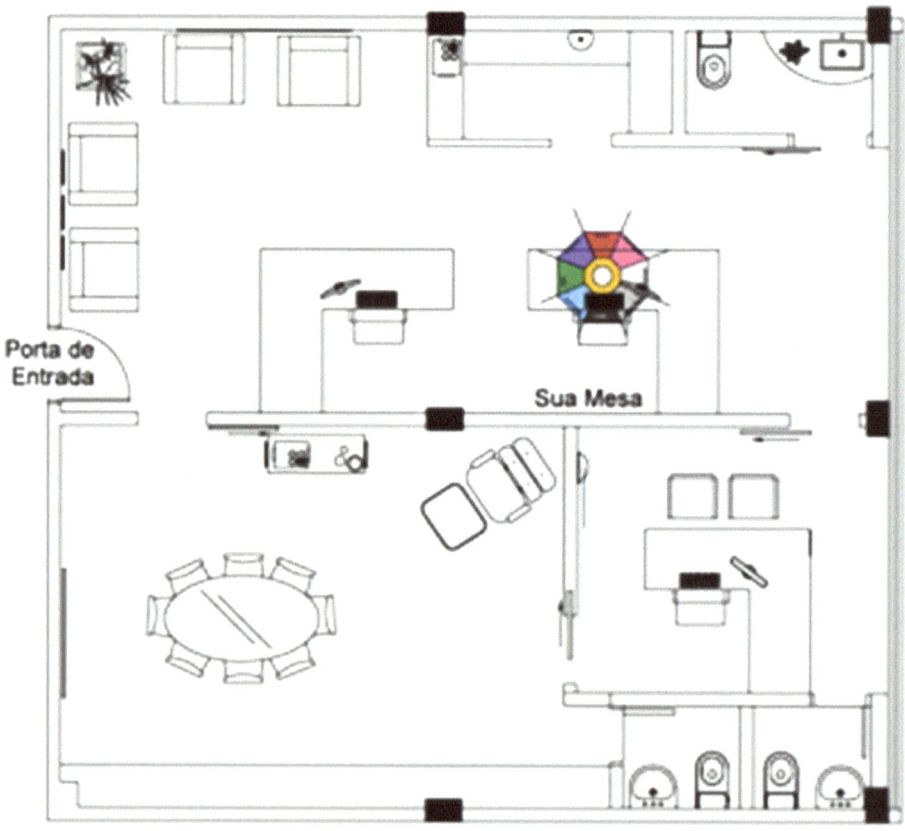

Porta de Entrada

Sua Mesa

Sua Mesa

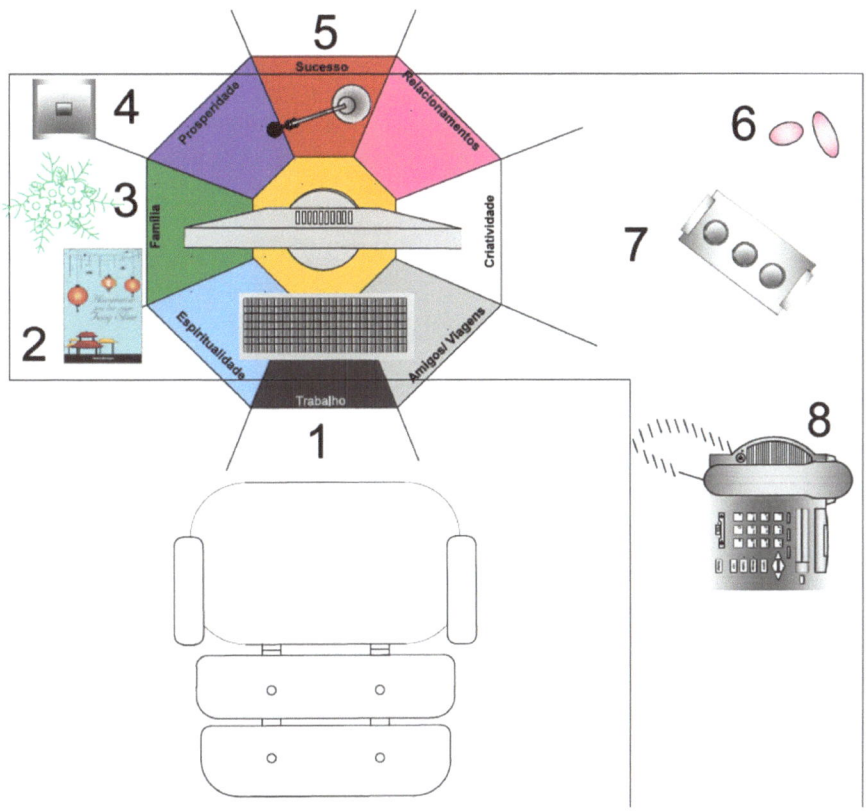

1. **Trabalho:** Tenha nesta área objetos de extrema importância para o seu trabalho, computador por exemplo

2. **Espiritualidade:** Neste canto, tenha livros para o seu crescimento pessoal

3. **Família**: Plantas ou flores neste canto te deixará mais dinâmico e inspirado

4. **Prosperidade**: Os orientais gostam de ter neste canto uma caixinha de metal com moedas dentro para atrair dinheiro (Na verdade qualquer objeto de metal é bem poderoso neste canto), ou se você preferir algo mais discreto, tenha Cristais ou Prismas, que além de lindos, ativarão os seus projetos

5. **Sucesso**: Luminárias nesta área trará o reconhecimento profissional (Nas cores vermelha ou dourada são mais auspiciosas)

6. **Relacionamentos**: Duas pedras de Quartzo-rosa neste canto melhoram a sua relação com seus colegas de trabalho, neste canto você também pode ter fotos com seu amado

7. **Criatividade**: Objetos metálicos ajudará a ser mais criativo

8. **Amigos/Viagens**: Um telefone nesta área ativará suas comunicações e viagens além de atrair clientes

Evitar:
- Objetos cortantes como abridor de cartas ou tesouras sobre a mesa
- Colocar a lixeira no canto da prosperidade

Ferramentas básicas de cura

Baguá

É um dos objetos mais poderoso tradicional do **Feng Shui.**

Deve ser usado somente **do lado de fora da casa,** acima da
porta de entrada . O baguá também pode ser colocado em
uma janela externa que dê para um lugar ou pontos
desfavoráveis, como por exemplo: hospitais,igrejas, cemitérios.

Flautas de Bambu

Na tradição chinesa, elas representam estabilidade, segurança
e paz em lares e empresas.
Segundo a tradição, os nós das flautas ativam a energia.
Como cura, pode ser colocada perto de vigas, que são
consideradas desfavoráveis no Feng Shui.

Moedas Chinesas

As moedas chinesas são um dos mais utilizados objetos tradicionais do **Feng Shui**. Elas são usadas para atrair a prosperidade. As peças, cópias de antigas moedas chinesas, são furadas no meio e amarradas a um fio vermelho. Três moedas são o suficiente. As moedas podem ser colocadas no canto da prosperidade da casa, dentro da bolsa ou atrás da porta de entrada.

Cristal Multifacetado

Usado para dispersar a energia *SHA (estagnada)* dos corredores e para dividir ambientes, o cristal deve ser pendurado num fio vermelho. A refração na luz sob o cristal espalha arco-íris e reflexos. Usado também em vigas, janelas e portas de banheiro.

Incensos

É um dos melhores purificadores que existe, portanto antes de começar qualquer cura ande pela casa com um incenso aceso e mentalize uma limpeza astral no local.

Mensageiros dos Ventos

A forma, o som e o material (tubos de metal) são importantes nessa cura. O *CHI* entra e sai dos tubos, brincando com os mesmos, assim espalhando as boas energias. O som produzido interage com cada pessoa, acalmando o estado de espírito, por isso é bom deixá-lo onde bata uma leve brisa para que o som seja suave e não estridente.
O lugar ideal são as janelas. Um sino com cinco tubos é ideal para equilibrar a energia de um espaço. Para dar sorte, um mensageiro de seis ou oito tubos é colocado na área da casa que quiser ativar.

Aquários

A água, associada à riqueza na cultura chinesa, é energizada com o movimento dos peixes, assim eles ajudam a trazer prosperidade. O mais indicado para o aquário são nove peixes, oito vermelhos e um preto, lembre-se o nove é considerado um número de boa sorte. As fontes têm o mesmo efeito de um aquário; as áreas mais propícias são as do trabalho e da prosperidade, porém se uma dessas áreas for quarto de dormir não são aconselháveis aquários e fontes, pois trazem muita agitação para o sono.

Espelhos

Com certeza os espelhos são a ferramenta mais usada no **Feng Shui.** São até conhecidos como "aspirina" do Feng Shui.

Usados externamente desviam as energías negativas. Usados internamente facilitam a circulação do "CHI" e criam a ilusão de amplitude e claridade, porém ele nem sempre é colocado de maneira adequada. O maior perigo de espelhos são os que ficam no quarto. O mais adequado é que os espelhos fiquem nas portas do lado de dentro do armário ou se não for possível cubra-os na hora de dormir, impedindo que a imagem de quem está dormindo seja refletida. Na área dos relacionamentos, **Nunca** tenha espelhos, pois você poderá trazer uma "terceira" pessoa para seu relacionamento. Um lugar ótimo para eles é na entrada da casa, neutralizando as energias negativas e atraindo boas vibrações para o seu lar. Se ele refletir as pessoas por inteiro melhor ainda, pois aumentará a auto-estima dos moradores. Na sala de jantar desde que reflita os alimentos diante da mesa. Na cozinha, deve refletir "as bocas" do fogão, pois as chamas simbolizam a prosperidade financeira. No banheiro fixe um espelhinho acima do vaso sanitário, para que neutralize as energias negativas rebatendo-as.

O Objeto da Prosperidade

O principal gerador de riquezas de uma casa é o fogão, portanto é super importante que ele esteja limpo e em perfeito estado de funcionamento, de acordo com o Feng Shui, saúde e riqueza estão diretamente ligados.

Digamos que as chamas são geradoras de dinheiro, então é aconselhável se utilizar de todas para que nenhuma fique "adormecida", e se isso acontecer, enfraquecerá sua situação financeira.

A posição de um fogão é uma das mais importantes dentro dos princípios do Feng Shui, não se recomenda deixá-lo em frente a pia e nem entre pia e geladeira. Lembre-se que são energias opostas e que a "Água apaga o Fogo" neste caso simboliza a perda de dinheiro.

Mas se não for possível trocá-los de lugar, coloque entre a pia e o fogão um elemento de madeira, como uma colher de pau, por exemplo...ou plantas e até mesmo objetos de cor verde.

A madeira alimenta o fogo e assim reequilibra as energias impedindo a perda de dinheiro

Outro detalhe importante: Como o fogão é o símbolo da fartura, não convém que ele fique a amostra de que entra na casa, se isso acontecer, mantenha fechada a porta da cozinha.

Curas

- Ordem e limpeza é o princípio de quem quer começar harmonizar a casa, comece com uma grande faxina;

- Arrume as gavetas;

- Doe roupas e calçados que você não usa mais;

- Se desfaça de quinquilharias que você acha que "vai precisar um dia";

- Arrume tudo que tiver quebrado, se desfaça do trincado;

- Arrume vazamentos ou infiltrações;

- Conserte fios elétricos danificados;

- Portas de banheiro sempre fechadas;

- Vasos sanitários com a tampa sempre abaixada;

- Jogue fora plantas secas;

- A posição da cama deve sempre permitir a visualização de quem entra no quarto;

- Conserve limpo o vão sob a cama, sem papéis ou revistas velhas;

- Tenha um fogão em perfeito estado de funcionamento e sempre limpo, pois ele é o símbolo de prosperidade da casa;

- Nunca deixe facas em cima do fogão;

- Sempre diga palavras positivas, palavras ditas soltas ao vento tem um poder incrível;

- Tenha em casa objetos, almofadas escritas com palavras boas, adesivos de frase mencionando os seus mais profundos desejos. Ex. Amor, paz, alegria, paixão, saúde...

- Tenha na sala os sofás arrumados em formato de ferradura de frente para a porta de entrada;

- Nunca disponha a cama com os pés voltados diretamente para a porta;

- Tenha um cristal multifacetado na porta do banheiro da suíte;

- Tenha objetos em pares na área dos relacionamentos;

- Cultive plantas e flores;

- Tenha um par de velas na área dos relacionamentos para "esquentar" a relação;

- Nunca tenha um fogão em frente a uma pia ou geladeira, energias opostas geram stress em quem cozinha, criando muitas brigas e confusões, além de perda de dinheiro;

- Tenha fotos do casal na área dos relacionamentos, fotos estas que trazem boas lembranças e é lógico que o casal tem que estar na mesma foto;

- Não tenha exposta fotos de falecidos, estas são melhores guardadas em álbum;

- Quando for fazer faxina em casa, abra todas as portas e janelas, deixe a luz entrar, pois enquanto você tira a poeira a luz entra e tira as energias estagnadas;

- Cuidado com as vigas expostas, tenha cristais pendurados nela para afastar o "SHA", principalmente se sua cama estiver abaixo da viga;

- Evite quadros de naufrágios, cenas agonizantes, pessoas indo embora, pessoas descendo escadas, portas e janelas fechadas;

- Jamais tenha CACTUS dentro de casa;

- Evite espelhos em frente a cama;

- As áreas menos indicadas para se ter armários são a do casamento e a dos Amigos/Viagens porque um móvel com objetos guardados nestas áreas podem ocasionar problemas legais.

- Mantenha o lixo da cozinha sempre fechado e longe do fogão;

- Tenha sempre Turmalina Negra bem próxima à porta de entrada, esta pedra tem o poder de transmutar energias, fazendo que ninguém entre na sua casa carregando energia negativa;

- Se puder, tenha um espelho bem em frente da porta de entrada .

Nota de Advertência

É uma pretensão oferecer-se para verificar o Feng Shui da casa de alguém. Uma coisa é estudar o assunto para uso pessoal, é útil, eficaz, além de muito interessante.
Praticar com os outros é algo bem diferente.

O Conselho mais Importante

Por fim, o conselho mais importante de todos...
Faça de seu lar um local limpo e organizado.
Torne o lugar mais gostoso do mundo, tenha fotos de pessoas queridas, espalhe flores frescas, ouça músicas, cante pela casa...
Garanto que "ela" vai gostar, uma casa que é amada, todas as coisas se realizam em todos os campos de nossa vida.
Por isso, antes de começar a fazer o **Feng Shui,** ame seu lar!

Referências

CHUEN Mestre Lam Kam – *Feng Shui Handbook* - Londres:Gaia Books Limited,1996;

HILTON, Suzan – *O Feng Shui da Prosperidade* –Rio de Janeiro: Editora Bertrand Brasil, 2003;

KENNEDY David Daniel.Marilene Tombini - *Dicas de Feng Shui para uma vida melhor* - Rio de Janeiro:Bertrand do Brasil,2001;

LINN Denise – *Espaço Sagrado* –Rio de Janeiro: Editora Bertrand Brasil, 1998;

ROSSBACH,Sarah and YUN Lin.Marly Winckler. *Feng Shui e a Arte da Cor.*Rio de Janeiro:Campus, 1998;

ROSSBACH,Sarah – *Feng Shui Como Viver melhor em sua casa* – 3ª edição – Rio de Janeiro :Ediouro,1998;

ROSSBACH,Sarah – *Feng Shui – Decoração de Interiores* – 5ª edição – Rio de Janeiro: Ediouro, 1999;

SPEAR Willian.Lúcia Speed -*Simplificando o Feng Shui # Criando o Design de sua vida com a antiga arte do posicionamento* - Rio de Janeiro:Bertrand do Brasil,2001;

WEBSTER,Richard. Editora Pensamento - *Feng Shui para o Local de Trabalho* - São Paulo: Editora Pensamento ,*1998;*

THONSON,Angel. Feng Shui: *How to Achieve the Most Harmonious Arrangement of your Home and Office.*Nova York .St. Martin's Press,1996;

TOO,Lilian.Henrique Amat Rego Monteiro - *Guia Completo Ilustrado do Feng Shui - São Paulo:Avatar, 1998;*

TOO,Lilian. Henrique Amat Rego Monteiro - *Feng Shui na Prática-Símbolos de Boa Sorte - São Paulo:Vitória-Regia,2000;*

TOO LILIAN - *Feng Shui For Gardens* - Nova York:Element Books Limited, 1998.

TOO Lilian - *Feng Shui: 168 maneiras práticas para uma vida tranquila e feliz* – Lisboa: Didáctica Editora,2005

Sobre a Autora

Moema Rodriguez, nasceu no Brasil em São Vicente/SP no ano de 1974, mas atualmente mora em Paris na França, Designer de Interiores e Consultora em Feng Shui, depois de longos anos de estudos e consultorias em Feng Shui percebeu que muitas pessoas gostariam de aplicar esta técnica chinesa por si mesma e viu uma oportunidade de criar este livro que conduz o leitor a praticá-la de maneira simples e fácil.

www.ingramcontent.com/pod-product-compliance
Lightning Source LLC
Chambersburg PA
CBHW050822290526
45792CB00001B/224